Todos los libros de Linkgua Ediciones cuentan con modelos de Inteligencia Artificial entrenados por hispanistas. Pregúntale al chat de tu libro lo que desees acerca de la obra o su autor/a.

Para ebooks: Accede a nuestro modelo de IA a través de este enlace.

Para libros impresos: Escanea el código QR de la portada con tu dispositivo móvil.

Obtén análisis detallados de nuestros libros, resúmenes, respuestas a tus preguntas y accede a nuestras ediciones críticas generativas para una experiencia de lectura más enriquecedora.
La transparencia y el respeto hacia la autoría de las fuentes utilizadas son distintivos básicos de nuestro proyecto. Por ello, las respuestas ofrecen, mediante un sistema de citas, las fuentes con las que han sido elaboradas.

Carlos Manuel de Céspedes

Decretos

Barcelona 2024
Linkgua-ediciones.com

Créditos

Título original: Decretos.

© 2024, Red ediciones S.L.

e-mail: info@Linkgua-ediciones.com

Diseño de cubierta: Red ediciones S.L

ISBN rústica: 978-84-9816-746-7.
ISBN ebook: 978-84-9897-639-7.

Sumario

Créditos   4

Brevísima presentación   7
    La vida   7
    La obra   7

Manifiesto de la junta revolucionaria de la isla de Cuba,
dirigido a sus compatriotas y a todas las naciones   9

Decreto de 27 de diciembre de 1868 sobre la esclavitud   17

Al Pueblo de Cuba   21

Libros a la carta   29

Brevísima presentación

La vida

Carlos Manuel de Céspedes (Bayamo, 18 de abril de 1819-Sierra Maestra, 27 de febrero de 1874) Cuba. Fue un líder independentista cubano. El 10 de octubre de 1868, libertó a sus esclavos y les propuso que se alistasen en el ejército independentista que se enfrentaría a las tropas españolas desplegadas en Cuba. Fue mayor general del Ejército independentista y primer presidente de la República de Cuba en Armas, hasta su destitución en dicho cargo en 1873. Murió en la Sierra Maestra cubana, en 1874, en un combate contra las tropas españolas.

La obra

La presente selección de tres Decretos y Manifiestos se centra en los documentos que describen las causas de la proclamación de la Independencia de Cuba, la anulación de la esclavitud y la defensa del sufragio universal y las libertades cívicas entendidas en el espíritu de la Ilustración. Carlos Manuel de Céspedes afirmó la intención de su lucha con su peculiar estilo, y manifestó sin tapujos su apuesta por una república liberal en sus ideales y garantista en su defensa de los derechos y de las leyes:

... en las instituciones liberales veo el principio salvador, a mí no me pueden espantar ideas de Bruto ni de Dantón aplicadas a nuestra naciente República...

Manifiesto de la junta revolucionaria de la isla de Cuba, dirigido a sus compatriotas y a todas las naciones

Al levantarnos armados contra la opresión del tiránico gobierno español, siguiendo la costumbre establecida en todos los países civilizados, manifestamos al mundo las causas que nos han obligado a dar este paso, que en demanda de mayores bienes, siempre produce trastornos inevitables, y los principios que queremos cimentar sobre las ruinas de lo presente para felicidad del porvenir.

Nadie ignora que España gobierna la isla de Cuba con un brazo de hierro ensangrentado; no solo no la deja seguridad en sus propiedades, arrogándose la facultad de imponerla tributos y contribuciones a su antojo, sino que teniéndola privada de toda libertad política, civil y religiosa, sus desgraciados hijos se ven expulsados de su suelo a remotos climas o ejecutados sin forma de proceso, por comisiones militares establecidas en plena paz, con mengua del poder civil. La tiene privada del derecho de reunión, como no sea bajo la presidencia de un jefe militar; no puede pedir el remedio a sus males, sin que se le trate como rebelde, y no se le concede otro recurso que callar y obedecer.

La plaga infinita de empleados hambrientos que de España nos inunda, nos devora el producto de nuestros bienes y de nuestro trabajo;

al amparo de la despótica autoridad que el gobierno español pone en sus manos y priva a nuestros mejores compatriotas de los empleos públicos, que requiere un buen gobierno, el arte de conocer cómo se dirigen los destinos de una nación; porque auxiliadas del sistema restrictivo de enseñanza que adopta, desea España que seamos tan ignorantes que no conozcamos nuestros sagrados derechos, y que si los conocemos no podemos reclamar su observancia en ningún terreno.

Amada y considerada esta Isla por todas las naciones que la rodean, que ninguna es enemiga suya, no necesita de un ejército ni de una marina permanente, que agotan con sus enormes gastos, hasta las fuentes de la riqueza pública y privada; y sin embargo, España nos impone en nuestro territorio una fuerza armada que no lleva otro objeto que hacernos doblar el cuello al yugo férreo que nos degrada.

Nuestros valiosos productos, mirados con ojeriza por las repúblicas de los pueblos mercantiles extranjeros que provoca el sistema aduanero de España para coartarles su comercio, si bien se venden a grandes precios con los puertos de otras naciones, aquí, para el infeliz productor, no alcanzan siquiera para cubrir sus gastos: de modo que sin la feracidad de nuestros terrenos, pereceríamos en la miseria.

En suma, la isla de Cuba no puede prosperar, porque la inmigración blanca, única que en la actualidad nos conviene, se ve alejada de nuestras playas por la innumerables trabas con que se la enreda y la prevención y ojeriza con que se la mira.

Así pues, los cubanos no pueden hablar, no pueden escribir, no pueden siquiera pensar y recibir con agasajo a los huéspedes que sus hermanos de otros pueblos les envían. Innumerables han sido las veces que España ha ofrecido respetarle sus derechos, pero hasta ahora no ha visto el cumplimiento de sus palabra, a menos que por tal no se tenga la mofa de asomarle un vestigio de representación, para disimular el impuesto único en el hombre, y tan crecido, que arruina nuestras propiedades al abrigo de todas las demás cargas que le acompañan.

Viéndonos expuestos a perder nuestras haciendas, nuestras vidas y hasta nuestras honras, me obliga a exponer esas mismas adoradas prendas, para reconquistar nuestros derechos de hombres, ya que no podemos con la fuerza de la palabra en la discusión, con la fuerza de nuestros brazos en los campos de batalla.

Cuando un pueblo llega al extremo de degradación y miseria en que nosotros nos vemos, nadie puede reprobarle que eche mano a las armas para salir de un estado tan lleno de oprobio. El empleo de las más grandes naciones autoriza ese último recurso. La isla de Cuba no puede estar privada de los derechos que gozan otros pueblos, y no puede consentir que se diga que no sabe más que sufrir. A los demás pueblos civilizados toca interponer su influencia para sacar de las garras de un bárbaro opresor a un pueblo inocente, ilustrado, sensible y generoso. A ellos apelamos y al Dios de nuestra conciencia, con la mano puesta sobre el corazón. No nos extravían rencores, no nos halagan ambiciones, solo queremos ser libres e iguales, como hizo el Creador a todos los hombres.

Nosotros consagramos estos dos venerables principios: nosotros creemos que todos los hombres son iguales, amamos la tolerancia, el orden y la justicia en todas las materias; respetamos las vidas y propiedades de todos los ciudadanos pacíficos, aunque sean los mismos españoles, residentes en este territorio, admiramos el sufragio universal que asegura la soberanía del pueblo; deseamos la emancipación gradual y bajo indemnización, de la esclavitud; el libre cambio con las naciones amigas que usen de reciprocidad; la representación nacional para decretar las leyes e impuestos, y, en general, demandamos la religiosa observancia de los derechos imprescriptibles del hombre, constituyéndonos en nación independiente, porque así cumple a la grandeza de nuestros futuros destinos, y porque estamos seguro que bajo el cetro de España nunca gozaremos del franco ejercicio de nuestros derechos.

En vista de nuestra moderación, de nuestra miseria y de la razón que nos asiste, ¿qué pecho noble habrá que no lata con el deseo de que obtengamos el objeto sacrosanto que nos proponemos? ¿Qué pueblo civilizado no reprobará la conducta de España, que se horrorizará a la simple consideración de que para pisotear estos dos derechos de Cuba, a cada momento tiene que derramar la sangre de sus más valientes hijos? No, ya Cuba no puede pertenecer más a una potencia que, como Caín, mata a sus hermanos, y, como Saturno, devora a sus hijos. Cuba aspira a ser una nación grande y civilizada, para tender un brazo amigo y un corazón fraternal a todos los demás pueblos, y si la misma España consiente en dejarla libre y tranquila, la estrechará en su seno como una hija amante de una buena madre; pero si persiste en su sistema de dominación y exterminio segará todos nuestros cuellos, y los cuellos de los que en pos de nosotros vengan, antes de conseguir hacer de Cuba para siempre un vil rebaño de esclavos.

En consecuencia hemos acordado unánimemente nombrar un jefe único que dirija las operaciones con plenitud de facultades, y bajo su responsabilidad, autorizado especialmente para nombrar un segundo y demás subalternos que necesite en todos los ramos de administración, mientras dure el estado de guerra, que conocido como lo está el carácter de los gobernantes españoles, forzosamente ha de seguirse a la proclamación de la libertad de Cuba. También hemos nombrado una comisión gubernativa de cinco miembros para ayudar al General en Jefe en la parte política, civil y demás ramos de que se ocupa un país bien reglamentado. Asimismo decretamos que desde este momento quedan abolidos todos los derechos, impuestos, contribuciones y otras exacciones que hasta ahora ha cobrado el gobierno de España, cualquiera que sea la forma y el pretexto con que lo ha hecho y que solo se pague con el nombre de ofrenda patriótica, para los gastos que ocurran durante la guerra, el 5 por ciento de la renta conocida en la actualidad, calculada desde este trimestre, con reserva de que si no fuese suficiente pueda aumentarse en lo sucesivo o adoptarse alguna operación de crédito, según lo estimen conveniente, las juntas de ciudadanos que al afecto deben celebrarse.

Declaramos que todo los servicios prestados a la patria serán debidamente remunerados; que en los negocios, en general, se observe la legislación vigente, interpretada en sentido liberal, hasta que otra cosa se determine, y por último, que todas las disposiciones adoptadas sean puramente transitorias, mientras que la nación ya libre de sus enemigos y más ampliamente representada, se constituya en el modo y forma que juzgue más acertado.

Manzanillo, 10 de octubre de 1868. El general en jefe, Carlos Manuel de Céspedes.

(Tomado de Hortensia Pichardo: *Documentos para la historia de Cuba*, Editorial de Ciencias Sociales, t. I. págs. 358-362 en correspondencia con Morales y Morales, Vidal. *Iniciadores y Primeros Mártires de la Revolución Cubana*. La Habana, 1901, apéndice XII, pág. 621.)

Decreto de 27 de diciembre de 1868 sobre la esclavitud

Carlos Manuel de Céspedes, capitán general del Ejército Libertador de Cuba y encargado de su gobierno provisional. La revolución de Cuba, al proclamar la independencia de la Patria, ha proclamado con ella todas las libertades y mal podría aceptar la grande inconsecuencia de limitar aquéllas a una sola parte de la población del país. Cuba Libre es incompatible con Cuba esclavista; y la abolición de las instituciones españolas debe comprender y comprende, por necesidad y por razón de la más alta justicia, la de la esclavitud como la más inicua de todas. Como tal se halla consignada esa abolición entre los principios proclamados en el primer manifiesto dado por la revolución. Resuelta en la mente de todos los cubanos verdaderamente liberales, su realización, en absoluto, ha de ser el primero de los actos que el país efectúe, en uso de sus conquistados derechos. Pero solo al país cumple esa realización, como medida general cuando, en pleno uso de aquellos derechos pueda, por medio del libre sufragio, acordar la mejor manera de llevarla a cabo con verdadero provecho, así para los antiguos como para los nuevos ciudadanos.

El objeto de las presentes medidas no es, por lo tanto, ni podrá ser la arrogación de un derecho de que están lejos de considerarse investidos los que se hallan hoy al frente de las operaciones de la revolución precipitando el desenlace de cuestión tan trascendental. Pero no pudiendo a su vez oponerse el gobierno provisional al uso del derecho que por nuestras leyes tienen y quieren ejercer numerosos poseedores de esclavos, de emancipar a éstos desde luego; y concurriendo, por otra parte, con la conciencia de utilizar por ahora en el servicio de la patria común a esos libertos, la necesidad de acudir a conjurar los males que a ellos y al país podrían resultar de la falta de empleo inmediato, urge la adopción de medidas provisionales que sirvan de regla a los jefes militares que operan en los diversos distritos de este departamento para resolver los casos que vienen presentándose en la materia.

Por tanto, y en uso de las facultades de que estoy investido he resuelto que por ahora, y mientras otra cosa no se acuerde por el país, se observen los siguientes artículos:

1.º Quedan declarados libres los esclavos que sus dueños presenten, desde luego con este objeto, a los jefes militares, reservándose a los propietarios que así lo deseen el derecho a la indemnización que la nación decrete y con opción a un tipo mayor al que se fije para los que emancipen más tarde. Con este fin se expedirán a los propietarios los respectivos comprobantes.

2.º Estos Iibertos serán, por ahora, utilizados en servicio de la patria de la manera que se resuelva.

3.º A este objeto se nombrará una comisión que se haga cargo de darles empleo conveniente conforme un reglamento que se formará.

4.º Fuera del caso previsto, se seguirá obrando con los esclavos de los cubanos leales a la causa de los españoles, y extranjeros neutrales, de acuerdo con el principio de respeto a la propiedad, proclamado por la revolución.

5.º Los esclavos de los que fueren convictos de ser enemigos de la patria y abiertamente contrarios a la revolución, serán confiscados con sus demás bienes y declarados libres, sin derecho a indemnización, utilizándolos en servicio de la patria en los mismos términos ya prescriptos.

6.º Para resolver respecto a las confiscaciones de que trata el artículo anterior se formará el respectivo expediente en cada caso.

7.º Los propietarios que faciliten sus esclavos para el servicio de la revolución sin darlos libres por ahora, conservarán su propiedad mientras no se resuelva sobre la esclavitud en general.

8.º Serán declarados libres, desde luego, los esclavos de los palenques que se presentaren a las autoridades cubanas, con derecho bien a vivir entre nosotros o a continuar en sus poblaciones del monte, reconociendo y acatando el gobierno de la revolución.

9.° Los prófugos aislados que se capturen o los que sin consentimiento de sus dueños se presenten a las autoridades o jefes militares, no serán aceptados sin previa consulta con dichos dueños o resolución aceptada por este gobierno, según está dispuesto en anterior decreto.

Patria y libertad.

Bayamo, diciembre 27 de 1868.

Carlos Manuel de Céspedes.

Al Pueblo de Cuba

¡Hermanos!

Hoy que la palabra con sus alas de relámpago vuela, alumbrando las inteligencias de unos, para mostrarles el derrotero seguro que han de seguir, desciende a los espíritus dormidos de otros para despertarles a la luz del entusiasmo, y hacer pedazos como una espada de fuego los últimos restos de preocupaciones que una sociedad volcada ha dejado en nuestro suelo, hoy debo yo también alzar mi voz en medio de ese clamoreo general para exponer ante el pueblo las íntimas convicciones de mi corazón.

El drama sangriento cuya primera escena tuvo lugar en los campos de Yara y cuyo desenlace será la libertad de Cuba y la emancipación de América de la tutela de Europa, ha llegado a un grado de desarrollo tal, y se ha hecho tan fuerte y tan popular; porque la bandera a cuya sombra se congregaron los pueblos para combatir, fue la bandera de la democracia, cuyos principios justos y eternos están encarnados en el espíritu de todos los hombres que trabajan por la perfección posible de la humanidad. Nosotros triunfaremos, porque cuando un pueblo se coloca formidablemente amenazador para reclamar sus derechos, siempre ha vencido; nosotros triunfaremos, porque tenemos de nuestra parte las simpatías del mundo y los errores de nuestros enemigos; y triunfaremos, porque los soldados de la gran idea han llegado en todas las épocas y en todas las naciones al templo de la libertad, con los pies descalzos y ensangrentados, sí, pero con la frente ceñida por la diadema de las victorias.

La cuestión hoy es de tiempo. Si todos marchamos con un solo pensamiento y un solo objeto; si todos los corazones palpitan a impulso de un mismo sentimiento, el Sol de su hermoso cielo alumbrará pronto a Cuba sentada en el consejo de las naciones, brindando por la unión y la concordia de los pueblos. Pero ¡ay de nosotros, si nos dejamos arrastrar de las pasiones y éstas chocan enfurecidas! ¡Ay de nosotros, si ambiciones protervas rompen los diques que las compriman! Si queremos demoler de un soplo lo que ha levantado la Revolución. Entonces, veremos... sí, pero el día del triunfo se alejará más y más, y las almas débiles caerán desfallecidas antes de cantar la hosanna de la redención.

Cuando los pueblos en la infancia de su libertad y ensordecidos todavía por el estruendo de la pelea, quieren sostener con imprudencia ideas que aún las repúblicas, ya cimentadas en las firmes bases de la paz, han titubeado en proclamar y se afanan por plantear un sistema de gobierno definitivo, cambiando de guías y de instituciones a cada momento, olvidándose de las necesidades imperiosas de la guerra, siembran en los vientos, dejan el principio por el fin, arrojan la simiente antes que el abono.

Los hombres que marchan al frente de la revolución, los fundamentos políticos en que esta se apoya, son escogidos por ella; ella misma los ha colocado, y la voz del pueblo nunca ha mentido, la revolución no se equivoca. A mí, que en política pertenezco a la escuela avanzada del progreso, que estoy por todas las reformas que la filosofía y la experiencia recomiendan, que detesto los sistemas rutinarios y envejecidos que, a despecho del siglo practican algunas repúblicas, que adoro el ideal posible de un gobierno demócrata radical, que en las instituciones liberales veo el principio salvador, a mí no me pueden espantar ideas de Bruto ni de Dantón aplicadas a nuestra naciente República; a lo que si no puedo prestar mi aprobación, es al abuso de la libertad, al entronizamiento de la licencia, a que se falseen las bases sólidas que sirven a aquella de pedestal, a que se quiera ir más allá de lo que permiten las circunstancias excepcionales porque atravesamos, a que se juzgue todo con la ligereza y versatilidad que se echa en cara a nuestra raza, a que el pueblo se olvide de la guerra por la palabra. Porque la guerra es el primer deber de todo ciudadano mientras la tiranía huelle una pulgada de la tierra de Cuba. Todo, menos la infamia, lo encuentro justo, si ocurre al triunfo de nuestras armas; nada, si mata nuestra santa revolución.

Derrocada la autocracia española en Cuba, lanzados los enemigos de la libertad a los remotos confines del Atlántico envueltos en sus pabellones desgarrados y cargados de sus propias cadenas, aquí no podrá existir otro gobierno que el republicano: porque ¿quién será tan osado que sueñe ahora ni nunca en hacerse dictador absoluto de un país que está derramando su sangre a torrentes para conquistar su legítima y completa autonomía? Los cubanos deben estar seguros de que los hombres que llevan la representación actual del movimiento revolucionario, jamás pensarán volver a levantar el edificio que han derribado a cañonazos. La libertad más radical es la piedra angular en que se asienta y en que se sostendrá nuestra República: porque yo me atrevo a responderos de los demás, y en cuanto a mí, el mundo lo sabe y permitidme que hoy os lo repita, la forma invariable de mi política es y será el respeto absoluto a los derechos del pueblo.

Ahora, cubanos lancemos una mirada al pasado, comparemos el estado que presentaba nuestra Revolución en los primeros días del 69, recuérdese el cuadro de nuestro ejército en aquella época, y lo veremos sin armas, sin pertrechos y sin disciplina, aunque siempre heroico, disputando el terreno en el combate contra el enemigo entonces más compacto y más fuerte: el estruendo de nuestras armas moría en las riberas del mar de las Antillas, nuestro gobierno era incompleto, faltaba la unión que es la fuerza; nuestra Junta en los Estados Unidos de América empezaba a organizarse y a allegar fondos: algunos figuraban como neutrales, y muchos débiles estaban indecisos. Este era el aspecto de la Revolución en aquella época, ¿cuál es el que presenta en los momentos en que escribimos? Tenemos un gobierno republicano cuya soberanía reside en el pueblo, en ese pueblo, única fuente de la autoridad legítima, y que representa y sintetiza el dogma fundamental de la democracia; un gobierno que funciona con regularidad, sus mandatos se obedecen en tres estados: nuestros correos mejor servidos que los españoles, recorren todo el país; tenemos un buen armamento, soldados aguerridos, pertrechos en abundancia, medicamentos, vapores cubanos que cruzan los mares, enarbolando en la popa la bandera de la estrella solitaria: estamos reconocidos como beligerantes por tres repúblicas y por otras como independientes; tenemos Juntas numerosas en el extranjero con fondos suficientes para enviarnos todos los auxilios necesarios hasta conseguir el triunfo final; nuestros ministros plenipotenciarios residen en casi todas las capitales del mundo civilizado: nuestras armas dominan el territorio desde Baracoa hasta las puertas de Colón y dentro de poco nos sobrarán los elementos para vencer nuestros contrarios en el campo de batalla como ya los hemos vencido en el de la justicia y la razón.

...Al lanzarse Cuba en la arena de la lucha, al romper con brazo denodado la túnica de la monarquía que aprisionaba sus miembros, pensó únicamente en Dios, en los hombres libres de todos los pueblos y en sus propias fuerzas. Jamás pensó que el extranjero le enviase soldados ni buques de guerra para que conquistase su nacionalidad: Cuba sabe, porque lo ha dicho el filósofo, que la libertad es el pan que los pueblos tienen que ganar con el sudor de su frente, y ella sabrá ganarlo, porque su propósito es inquebrantable, porque lo ha jurado a la faz del siglo XIX y porque así está escrito en el gran libro de los destinos del Nuevo Mundo.

Antes de concluir, permitidme que os recuerde que el árbol de la libertad fructifica a fuerza de sangre y de virtud, que la única argumentación a que ceden los tiranos, es a la de los cañonazos, que todo hombre se debe a su patria y que solo el cobarde o el traidor se acoge al abrigo de los cuidados femeniles.

...Hijos de Cuba, hermanos míos, acudid al grito de la patria, engrosad sus batallones, el triunfo nos espera. Odiad las disensiones, preocupaciones y provincialismos; todos somos hermanos, unidos por el amor como por el deber; el soldado, que obedezca ciegamente a su jefe, el hombre civil, que cumpla con sus deberes de patriota: todos que respeten la ley. Abnegación y patriotismo, y desde un cabo al otro veréis a Cuba independiente y republicana.

Carlos Manuel de Céspedes Camagüey, 7 de febrero de 1870. *Boletín del Archivo Nacional*, publicación bimestral, tomo LIII-LIV, págs. 177-190, La Habana, 1956.

(Tomado de Hortensia Pichardo: *Documentos para la historia de Cuba*, Editorial de Ciencias Sociales, t. I. págs. 370-373 en correspondencia con Zaragoza, Justo. *Las Insurrecciones en Cuba*, Madrid, 1873, t. II, págs. 742-743.)

Libros a la carta

A la carta es un servicio especializado para
empresas,
librerías,
bibliotecas,
editoriales
y centros de enseñanza;
y permite confeccionar libros que, por su formato y concepción, sirven a los propósitos más específicos de estas instituciones.

Las empresas nos encargan ediciones personalizadas para marketing editorial o para regalos institucionales. Y los interesados solicitan, a título personal, ediciones antiguas, o no disponibles en el mercado; y las acompañan con notas y comentarios críticos.

Las ediciones tienen como apoyo un libro de estilo con todo tipo de referencias sobre los criterios de tratamiento tipográfico aplicados a nuestros libros que puede ser consultado en Linkgua-ediciones.com.

Linkgua edita por encargo diferentes versiones de una misma obra con distintos tratamientos ortotipográficos (actualizaciones de carácter divulgativo de un clásico, o versiones estrictamente fieles a la edición original de referencia).

Este servicio de ediciones a la carta le permitirá, si usted se dedica a la enseñanza, tener una forma de hacer pública su interpretación de un texto y, sobre una versión digitalizada «base», usted podrá introducir interpretaciones del texto fuente. Es un tópico que los profesores denuncien en clase los desmanes de una edición, o vayan comentando errores de interpretación de un texto y esta es una solución útil a esa necesidad del mundo académico.

Asimismo publicamos de manera sistemática, en un mismo catálogo, tesis doctorales y actas de congresos académicos, que son distribuidas a través de nuestra Web.

El servicio de «libros a la carta» funciona de dos formas.

1. Tenemos un fondo de libros digitalizados que usted puede personalizar en tiradas de al menos cinco ejemplares. Estas personalizaciones pueden ser de todo tipo: añadir notas de clase para uso de un grupo de estudiantes, introducir logos corporativos para uso con fines de marketing empresarial, etc. etc.

2. Buscamos libros descatalogados de otras editoriales y los reeditamos en tiradas cortas a petición de un cliente.

www.ingramcontent.com/pod-product-compliance
Lightning Source LLC
Chambersburg PA
CBHW020447030426

42337CB00014B/1439